# Inhalt


Lisa hat einen Wunsch ................ 4

Geschenke für Lisa ....................... 12

Lisa hat ein Problem .................... 20

Der Ausflug .................................. 26

# Lisa hat einen Wunsch

Lisa ist ein kluges  .

Sie kann ihren Namen  .



Sie kennt auch schon alle Buchstaben.

Besonders mag sie das 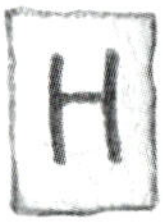 , das  ,




das  und das  .




Daraus kann Lisa ein tolles

Wort machen.

Ein besonders wichtiges, findet Lisa.

Welches Wort ist das?

Zum Geburtstag ist Lisas größter Wunsch: ein echter Hund zum Liebhaben.

Ein Hund, der mit ihr  .

Ein Hund, der  , wenn Lisa „sitz!" zu ihm sagt.

Ein Hund, der  .

Lisa weiß auch, was sie für den Hund im  kaufen kann.

Sie kann  kaufen.

Ganz wichtig für den Hund.

Was braucht ein Hund noch?

Lisa wohnt in einer  .

Hunde müssen in der Stadt an die

 . Das ist gut für den Hund

und für die Menschen.

Wenn Lisa aus dem Wort Leine

das i heraus nimmt, wird ein

Name daraus.

Der Name ihrer besten Freundin

Lene.

Lisa hat sie zu ihrem Geburtstagsfest

eingeladen. Sie freut sich schon sehr

darauf.

Ob sie dann einen Hund bekommt?

„Einen Hund musst du erziehen.

Du musst ihn jeden Tag 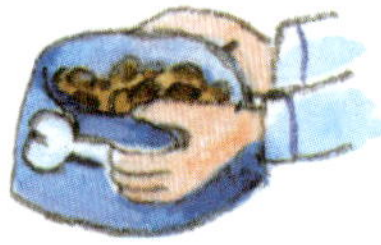

und ihm frisches  geben.

Und bürsten musst du ihn auch“,

sagt Mama.

„Und mit ihm  “, sagt Papa.

„Willst du das wirklich machen?“,

fragen beide.

„Alles, alles!“, verspricht Lisa.

# Geschenke für Lisa

Lisa hat sich hübsch gemacht.

Sie hat ihren  angezogen.

Sie hat sich eine  um den

Hals gehängt.

Ihre Freunde wissen, warum sich Lisa

so schön gemacht hat:

Sie hat heute Geburtstag!

Lisa hat vier Kinder zu ihrem Fest

eingeladen.

Lene ist schon da.

„Dingdong!“, läutet es an der Tür.

Tessa und Fred sind gekommen.

Jetzt fehlt nur noch Tim.

Wo bleibt er denn?

Die Kinder haben  mitgebracht.

Lisa legt sie alle auf den Tisch.

Auf dem Tisch steht eine Torte.

Auf der Torte brennen  .

Lisa bläst sie alle auf einmal aus.

Dann öffnet sie die  .

So viele schöne Sachen!

War da nicht ein leises Winseln?

Lisa hält die Luft an.

Das Winseln kommt aus einem 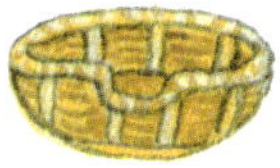.

Papa stellt ihn vor Lisa auf den Boden.

„Schau hinein", sagt Mama.

Alle sind gespannt.

Kleine Pfoten, kleiner Schwanz, kleine Schnauze! „Ein Hund! Ist der lieb!", ruft Lisa begeistert.

Der kleine Hund hüpft aus dem  .

„Oje, er hat  gemacht", bemerkt Lisa.

„Das kommt von der Aufregung", meint Papa.

Lisa streckt die Hände nach dem

kleinen Hund aus.

„Komm her zu mir!",

sagt sie erfreut.

Neben dem 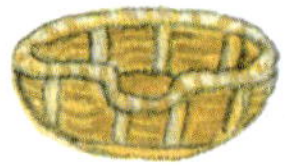 liegt noch ein Geschenk. Was ist denn da drin? Lisa nimmt alles heraus und legt es auf den Boden. „Das ist für dich", sagt sie zu ihrem Hund.

„Willkommen in deinem neuen Zuhause", sagt Lisa liebevoll und streichelt über sein weiches Fell.

# Lisa hat ein Problem

„Hast du schon einen Namen für deinen Hund?“, fragt Papa.

Lisa denkt nach.

Momo, fällt ihr ein.

„Mein Hund heißt Momo“, sagt Lisa.

„Das ist ein guter Name“, findet Mama.

Lisa geht mit Momo

jeden Tag ein paar Mal  .

Momo soll rasch sauber werden.

Er soll sich auch an die 

gewöhnen.

„Er ist zwar noch klein", denkt Lisa,

„aber schon sehr gescheit."

Da kommt Leon.

Er hat auch einen Hund.

„Na, so etwas",

freut sich Lisa.

Die Hunde sehen fast gleich aus.

Leon will an Lisa und Momo

vorbeigehen.

Aber die Hunde bleiben stehen.

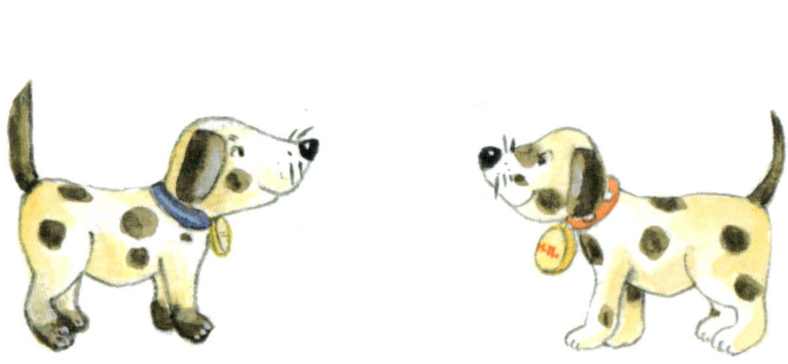

„Komm, Mimi", sagt Leon und zerrt an der Leine. „Lass sie doch", will Lisa sagen. Aber Leon hat es eilig.

Er  und geht weg.

Fast jeden Tag geht Leon mit Mimi an Lisa und Momo vorbei.

Nie sagt er ein Wort. Er schaut Lisa und Momo nicht einmal an.

„Er mag mich nicht", denkt Lisa traurig.

Lisa sitzt in ihrem Zimmer und  .

„Was hast du denn?", fragt Mama.

Lisa erzählt ihr von Leon.

„Vielleicht ist Leon nur schüchtern.

Wir könnten ihn ja einmal zum

Spielen einladen", sagt Mama.

„Gib ihm Zeit bis er dich

besser kennt."

# Der Ausflug

Momo lernt schnell. Er macht keine

Lacke mehr im Haus.

Nur seine  mag er noch

immer nicht.

Er dreht sich im Kreis und  .

„Pfui", sagt Lisa. Immer wenn Momo

die  in Ruhe lässt,

bekommt er  .

Momo ist wirklich klug.

Er kann schon  .

Er geht brav an der 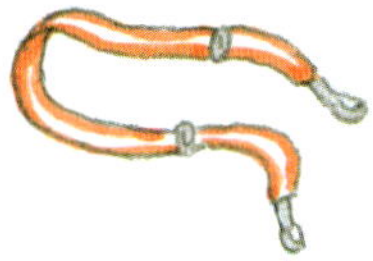 .

Wenn Lisa „sitz!" zu ihm sagt,

setzt er sich fast immer hin.

Und wo schläft Momo am liebsten?

Lisa sorgt prima für Momo.

Jeden Tag gibt sie ihm 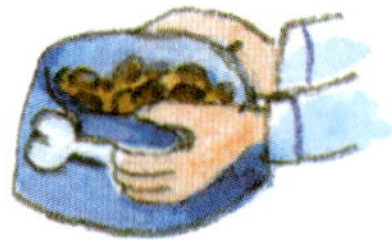

und frisches  .

Sie bürstet und  ihn.

Das macht sie alles richtig.

Nur in der Nacht lässt sie ihn

heimlich auf ihr Bett.

Heute  .

Lisa und ihre Eltern gehen mit Momo

auf die  .

Er schnuppert und findet  .

Momo wälzt sich vor Freude im Gras.

Lisa nimmt Momo an die  .

Sie wandert mit Mama, Papa und

Momo zu einem  .

An einem schattigen Platz machen sie

Halt. Momo  .

Dann kommt er heraus und schüttelt

sich.

Da kommt Leon mit seiner Familie und Mimi. „Hallo, Leon!“, ruft Lisa und winkt. Leon zeigt ihr seinen neuen  . „Spielst du mit mir?“, fragt er. Lisa lächelt und nickt. Am Abend gehen beide Familien mit den Hunden nach Hause. Das war ein schöner Tag.

Lisa und Leon sind nun endlich Freunde geworden!

# Der G&G-Lesezug™

## Weitere Lesezug-Bücher finden Sie unter

## www.lesezug.com

Hubert ist Peters Stoffschwein. Peter nimmt Hubert überall mit. Diesmal geht es zur Feuerwehr. Dort gibt es plötzlich einen Riesenwirbel. Wer hat nur die Sirene eingeschaltet und warum ist Frau Lieb, die Lehrerin, ganz nass im Gesicht?

Thema: Die Feuerwehr

Stefan Karch / Nicht schon wieder Hubert!
**Vor-und Mitlesebuch**
Ab 5/6 Jahren, 40 Seiten, 17 x 24 cm
Hardcover
durchgehend vierfarbig illustriert von Stefan Karch
Euro 7,95 / SFr 14,70–, **ISBN (13) 978-3-7074-0338-1**

Lara singt gerne und überall. Sie hat einen großen Wunsch. Sie möchte eine berühmte Sängerin werden. Leider hat sie ein Problem. Sie kann nicht vor Publikum singen. Kann ihr ihre Freundin Nina helfen …?

Thema: Gegenseitiges Unterstützen

Gabriele Rittig / Nur Mut, Lara
**1. Klasse**
Ab 6/7 Jahren, 48 Seiten, 17 x 24 cm
Hardcover
durchgehend vierfarbig illustriert von Stefanie Becker
Euro 7,95 / SFr 14,70–, **ISBN (13) 978-3-7074-0340-4**

Emilia Lustig wird von allen Lilli genannt. Lilli möchte gerne eine Prinzessin sein, so wie die Prinzessinnen in ihrem Lieblingsbuch. Bis Lilli zu einer modernen Prinzessin wird, erlebt sie mit ihrer besten Freundin Bea und ihrem Bruder Max aber noch einige Überraschungen.

Thema: Erwachsenwerden

Gabriele Diechler / Prinzessin Lustig
**2. Klasse**
Ab 7/8 Jahren, 48 Seiten, 17 x 24 cm
Hardcover
durchgehend vierfarbig illustriert von Anna Kosanova
Euro 7,95 / SFr 14,70–, **ISBN (13) 978-3-7074-0345-9**

„Schloss Spukenstein - Geisterschule! Spuken lernen leicht gemacht. Einfach vorbeikommen und drauflosspuken." Genau das richtige für Gruseli den kleinen Geist mit Höhenangst. Gruseli will spuken lernen und endlich ein richtiger Geist werden. Ob ihm das gelingt?

Thema: Über den eigenen Schatten springen

Karin Ammerer / Auch Spuken will gelernt sein
**3. Klasse**
Ab 8/9 Jahren, 64 Seiten, 15 x 21 cm
Hardcover
durchgehend vierfarbig illustriert von Stefan Torreiter
Euro 7,95 / SFr 14,70–, **ISBN (13) 978-3-7074-0348-0**

Krimi Mimi und ihre Freunde Lea, Daniel und Thomas werden in eine mysteriöse Geschichte rund um eine alte Villa und einem betrügerischen Makler verwickelt. Geheimnisvolle Lichtspiele, Alarmanlagen, die keine sind und Stimmen aus dem Kamin stellen nicht nur die vier Freunde vor ein Rätsel …

Thema: Gemeinsam schaffen wir alles

Rudolf Gigler / Krimi-Mimi und die Gruselvilla
**4. Klasse**
Ab 9/10 Jahren, 64 Seiten, 15 x 21 cm
Hardcover
durchgehend vierfarbig illustriert von Rudolf Schuppler
Euro 7,95 / SFr 14,70–, **ISBN (13) 978-3-7074-0350-3**

A B C D
H i J K
P Q R
V W